CPSIA information can be obtained
at www.ICGtesting.com
Printed in the USA
BVHW082354170220
572581BV00009B/881

9 781714 383290